# BEI GRIN MACHT SICH IHR WISSEN BEZAHLT

- Wir veröffentlichen Ihre Hausarbeit, Bachelor- und Masterarbeit

- Ihr eigenes eBook und Buch - weltweit in allen wichtigen Shops

- Verdienen Sie an jedem Verkauf

## Jetzt bei www.GRIN.com hochladen und kostenlos publizieren

# Ästhetik bei Platon, Aristoteles und Plotin. Was ist überhaupt schön?

**Bibliografische Information der Deutschen Nationalbibliothek:**

Die Deutsche Nationalbibliothek verzeichnet diese Publikation in der Deutschen Nationalbibliografie; detaillierte bibliografische Daten sind im Internet über http://dnb.d-nb.de abrufbar.

ISBN: 9783346576590
Dieses Buch ist auch als E-Book erhältlich.

© GRIN Publishing GmbH
Nymphenburger Straße 86
80636 München

Druck und Bindung: Books on Demand GmbH, Norderstedt Germany
Gedruckt auf säurefreiem Papier aus verantwortungsvollen Quellen

Das Buch bei GRIN: https://www.grin.com/document/1167314

Friedrich-Schiller-Universität Jena
Institut für Germanistische Literaturwissenschaft
Seminar Neuere Deutsche Literatur
WS 2020/21

„Was ist überhaupt schön?"

-

Ästhetik bei Platon, Aristoteles und Plotin

# Inhalt

# Einleitung

Was ist überhaupt schön? Eine spontane Antwort darauf wird bei den meisten Befragten höchstwahrscheinlich subjektiv geprägt sein, je nach persönlichem Geschmack und individuellen Vorlieben. Tatsächlich begleitet die Frage die Menschheit schon seit über 2300 Jahren – zumindest reichen die schriftlich überlieferten Aufzeichnungen bis dahin zurück. Eine Vielzahl von bekannten Philosophen und Dichtern hat sich seitdem mit der Ästhetik beschäftigt: Beginnend bei Platon, Aristoteles, Plotin bis hin zu Kant, Hegel und Nietzsche. Die Geschichte der Ästhetik hat ihren Ursprung im antiken Griechenland. Dort begründete Platon „die erste systematische Ästhetik"[1] und schuf den Grundstein für alle weiteren ästhetischen Überlegungen, selbst für seine größten Kritiker wie zum Beispiel Nietzsche. Weitere wirkmächtige antike Philosophen der Ästhetikgeschichte waren Aristoteles, der wohl bekannteste Schüler Platons, und Plotin, der mit seiner „Platon-Vergegenwärtigung [...] die letzte große, antike, philosophische Strömung begründete: den Neuplatonismus"[2]. Beide entwickelten eigene Ideen und Überzeugungen zur Ästhetik, natürlich immer unter Rückgriff auf Platons Philosophie. Die zentrale Fragestellung der nachfolgenden Untersuchung lautet daher, wie Plotins Position zwischen Platons und Aristoteles zu verorten ist. Als Arbeitsthese dient Lambert Wiesings Aussage, „wie entscheidend – aber auch wie unterschiedlich – die Stellung der Ästhetik in einem idealistischen System sein kann."[3] Eine vergleichende Analyse der verschiedenen Ideen, Ansichten und Überzeugungen ermöglicht eine Einordnung ihres Wirkens für die Ästhetikgeschichte und kann dadurch rückblickend die philosophische Bedeutung ihrer Überlegungen verdeutlichen.

Dazu wird zunächst Plotin mit Platon verglichen und auf Gemeinsamkeiten und Unterschiede untersucht. Darauf folgt ein Vergleich zwischen Plotin und Aristoteles. Im letzten Kapitel wird schließlich basierend auf dem Vergleich rekapituliert, wie Plotin und Aristoteles Platon verstanden und gedeutet haben. Von zentraler Bedeutung sind dabei ästhetische Begrifflichkeiten wie ‚das Schöne', ‚die Mimesis', der ‚Schein' und ‚Wahrheit', anhand derer Gemeinsamkeiten und Unterschiede in den Überlegungen identifiziert werden können. Als Grundlage für die Analyse fungiert Lambert Wiesings Auswahl zentraler Texte zur philosophischen Ästhetik aus Aschendorffs philosophischer Textreihe. So wird unter anderem auf Platons *Symposion* und *Politeia*, Aristoteles *Poetik* und *Politik* sowie Plotins *Enneade I* (Über das Schöne) und *Enneade V* (Die geistige Schönheit) eingegangen. Dies dient zum

---

[1] Wiesing, Lambert: Kommentar (Platon). In: Philosophische Ästhetik. Hrsg. von Armin Müller. Münster: Aschendorff-Verlag 1992 (= Aschendorffs philosophische Textreihe Kurs 7). S. 1.
[2] Wiesing: Kommentar (Plotin). Ästhetik. S. 39.
[3] Wiesing: Vorwort. Ästhetik. S. V.

einen der Begrenzung des Untersuchungsgegenstandes, zum anderen werden Wiesings Kommentare zu Beginn des jeweiligen Kapitels unterstützend als Thesen eingesetzt.

## 1. Plotin und Platon

Plotins Philosophie unterscheidet sich grundlegend von der Platons.[4] Wie bereits einleitend angeführt, gilt Platon als Erschaffer der ersten systematischen Ästhetik.[5] Daher stellen seine Überlegungen nicht weniger als die Grundlage der Ästhetikgeschichte dar, da sich alles Darauffolgende in verschiedenster Art und Weise mit Platons Kerngedanken und Annahmen auseinandersetzte, sei es, um sie zu widerlegen oder bestimmte Ansätze weiterzuentwickeln. Plotins Philosophie gilt nach seinen eigenen Worten als eine „Platon-Vergegenwärtigung"[6]:

> Diese Lehren sind also nicht neu, nicht jetzt erst, sondern schon längst, wenn auch nicht klar und ausdrücklich, gesagt, und unsere jetzigen Lehren stellen sich nur dar als Auslegung jener alten, und die Tatsache, daß diese Lehren alt sind, erhärten sie aus dem Zeugnis von Platons eigenen Schriften.[7]

Plotin bestätigt damit die Annahme, dass Platon die inhaltliche Basis geschaffen hat, auf die auch er bei seiner Theoriebildung zurückgreift. Auffällig dabei ist die Feststellung Plotins, dass Platons Lehren nicht klar und ausdrücklich festgehalten wurden. Dies erscheint besonders vor dem Hintergrund interessant, dass Plotins Überlegungen „wegen ihrer Klarheit eine ungewöhnlich hohe Verbreitung"[8] erreichten. Plotins Schrift folgend, bemühte er sich also um eine Auslegung Platons, dessen Ergebnis rückblickend als Neuplatonismus bezeichnet wird.

## 1.1 Idealistisches System

Auch wenn sich nach Wiesing die Philosophien beider grundlegend unterscheiden, gibt es durchaus auch Gemeinsamkeiten, denn „beide Denker verankern ihre Ästhetik in einem vergleichbaren idealistischen System."[9] Dies verdeutlicht zum einen erneut Platons herausragende Stellung als Begründer in diesem Gebiet, zum anderen Plotins Rückgriff auf Platon. Sowohl Platon als auch Plotin unterscheiden also prinzipiell in zwei verschiedene Welten, nämlich in die sichtbare und die denkbare, die reale und die ideale, die körperliche und die geistige.[10] Dem antiken Idealismus liegt demzufolge die Überzeugung zugrunde, dass das eigentliche Wesen der Dinge nicht in ihrer materiellen Gestalt

---

[4] Vgl. Wiesing: Kommentar (Plotin). Ästhetik S. 40.
[5] Vgl. Wiesing: Kommentar (Platon). Ästhetik. S. 1.
[6] Wiesing: Kommentar (Plotin). Ästhetik. S. 39.
[7] Ebd., zitiert nach: Plotins Schriften, Bd. 1, hg. und übersetzt von R. Hader, Hamburg 1956, S. 229.
[8] Wiesing: Kommentar (Plotin). Ästhetik. S. 40.
[9] Wiesing: Kommentar (Plotin). Ästhetik. S. 40.
[10] Vgl. Ebd.

gesehen werden kann. Die Unterscheidung zwischen den Welten kann an verschiedenen Textstellen verdeutlicht werden: In Platons *Symposion* wird zum Beispiel im Kontext seines Schönheitsbegriffs mehrmals die Unterteilung zwischen „dem Leibe"[11] und „der Seele"[12] vorgenommen und auch konkretisiert, sodass ersteres mit „Haaren, Fleisch, Knochen, Blut"[13] (= sichtbar, real, körperlich) und letzteres in Form von „Gewöhnungen, Sitten, Meinungen, Begierden, Lust, Unlust, Furcht"[14] (=denkbar, ideal, geistig) beschrieben wird. Auch in seiner Schrift *Politeia* greift Platon auf sein idealistisches System zurück, indem er zum Beispiel in „das Seiende"[15] und „etwas Sobeschaffenes"[16] unterscheidet, wobei mit dem erstgenannten Begriff ein denkbares Ideal und mit letzterem die sichtbare Realisierung eben dieses gemeint ist. Etwas weniger abstrakt ist seine Unterscheidung bezüglich der Dichtkunst, denn hier äußert er, dass Dichter lediglich „Erscheinungen dichten, nicht Wirkliches"[17].

Wie in der These dieses Kapitels angeführt, basiert auch Plotins Philosophie nach Wiesing auf besagtem idealistischem System. Anhand seiner Überlegungen über das Schöne in *Enneade I* kann dies verdeutlicht werden, da er hier ganz in der Tradition Platons von „Leibern"[18] und einer dazugehörigen „Seele"[19] ausgeht, also jenen Ansatz wählt, den Platon bereits in *Symposion* nutzte.

## 1.2    Schönheitsbegriff

Nach Wiesing weist Platons Ästhetik zunächst zwei wesentliche Aspekte auf, „die Liebe zum Schönen"[20] und „die Verbannung der Kunst"[21]. Der erste Aspekt ist maßgeblich für Platons Schönheitsbegriff, den er „aus dem Kontext einer Ideenschau heraus"[22] erklärt, die wiederum von einem Schönheitsstreben angetrieben wird.[23]

Um sich Platons Schönheitsbegriff zu nähern, muss zunächst das Schönheitsstreben geklärt werden. Dieses Streben begründet Platon durch eine Kausalkette, sodass erstmal jeder nach Reichtum,

---

[11]Platon: Symposion. In: Philosophische Ästhetik. Hrsg. von Armin Müller. Münster: Aschendorff-Verlag 1992 (= Aschendorffs philosophische Textreihe Kurs 7). S. 10f.
[12] Ebd.
[13] Ebd. S. 11
[14] Ebd.
[15] Platon: Politeia. In: Philosophische Ästhetik. Hrsg. von Armin Müller. Münster: Aschendorff-Verlag 1992 (= Aschendorffs philosophische Textreihe Kurs 7). S. 18.
[16] Ebd.
[17] Ebd. S. 20.
[18] Plotin: Enneade I. In: Philosophische Ästhetik. Hrsg. von Armin Müller. Münster: Aschendorff-Verlag 1992 (= Aschendorffs philosophische Textreihe Kurs 7). S. 41f.
[19] Ebd.
[20] Wiesing: Kommentar (Platon). Ästhetik. S. 1.
[21] Ebd.
[22] Ebd.
[23] Vgl. Wiesing: Kommentar (Platon). Ästhetik. S. 1

Gesundheit und Stärke strebe und jene, die all dies schon besitzen, es auch in der Zukunft noch besitzen wollen. [24] Schließlich will jeder, „daß das jetzt vorhandene […] auch in künftiger Zeit vorhanden sei"[25]. Der Mensch ist also prinzipiell durch ein Streben beziehungsweise ein Begehren angetrieben, einen bestimmten Zustand zu erreichen und diesen auch zu erhalten. Platon überträgt dieses strebsame Grundverhalten eines Jeden auf seinen Schönheitsbegriff.

„Zum Umfang des griechischen Schönheitsbegriffs gehören selbstverständlich und wesentlich Charaktereigenschaften, Wahrheitsvorstellungen und Tugenden."[26] Schönheit definiert sich nach Platon also nicht nur über äußere beziehungsweise sichtbare Merkmale, sodass sich sein Schönheitsbegriff vielmehr aus einer Korrelation von Begriffen ergibt. Da wäre als erstes Attribut „das Gute"[27] zu nennen, da dies laut Platon „schön ist"[28]. Sein Schönheitsbegriff wird damit direkt zu Beginn seiner Überlegungen im *Symposion* über eine wesentliche Charaktereigenschaft beziehungsweise Tugend angereichert. Platons Schönheitsstreben kann auch mittels des Guten belegt werden, da man „das Gute immer haben will"[29] und das Gute schließlich auch das Schöne sei.

Darüber hinaus arbeitet Platon heraus, dass Schlussfolgerungen resultierend aus Schubladendenken seinem Gegenstand des Schönheitsbegriffes nicht gerecht werden: „Folgere also nicht, was nicht schön ist, sei häßlich, noch was nicht gut sei, schlecht"[30]. Im übertragenen Sinn ist diese Aussage nichts Geringeres als eine vernichtende Kritik zu totalitären Denkmustern und in Anbetracht globaler politischer Entwicklungen aktueller denn je. Dieser Aspekt ist vor dem Hintergrund durchaus nennenswert, da Platon mit seinen Überlegungen zur Ästhetik schließlich auch die von ihm hervorgebrachte Staatslehre vervollständigte.[31]

Ein weiterer wichtiger Begriff stellt die Weisheit dar, denn diese „gehört zu dem Schönsten"[32]. Im Kontrast dazu sei Unverstand von niederträchtiger und böser Gesinnung, „ohne schön und gut und vernünftig zu sein"[33]. Auch hier lässt sich in Zeiten globaler Verschwörungstheorien eine beachtliche Aktualität seiner Überlegungen feststellen: „Denn das ist eben das Arge am Unverstande, daß er, […] doch sich selbst ganz genug zu sein dünkt"[34]. Das Schöne muss demzufolge nicht nur gut und Weise, sondern auch vernünftig sein, womit Platons Schönheitsbegriff bereits durch drei

---

[24] Platon: Symposion. In: Ästhetik. S. 4f.
[25] Ebd. S. 5.
[26] Wiesing: Kommentar (Platon). Ästhetik. S. 2.
[27] Platon: Symposion. In: Ästhetik. S. 5.
[28] Ebd.
[29] Platon: Symposion. In: Ästhetik. S. 10.
[30] Ebd. S. 6.
[31] Vgl. Wiesing: Kommentar (Platon). Ästhetik. S. 1.
[32] Platon: Symposion. In: Ästhetik. S. 8.
[33] Ebd.
[34] Ebd.

Charaktereigenschaften und Tugenden konkretisiert wird. Ein weiteres Attribut des Schönen stellt die Angemessenheit dar, denn „unangemessen ist das Häßliche"[35], während „das Schöne aber angemessen"[36] sei. Der vorangehenden These folgend, stellen aber auch Wahrheitsvorstellungen beim griechischen Schönheitsbegriff einen wesentlichen Bestandteil dar, die sich bei Platon ebenfalls finden lassen. Dazu muss jedoch auf das idealistische System aus Kapitel 1.1 zurückgegriffen werden: Platon untergliedert in eine Ideenwelt und eine reale Welt, der Mensch als Individuum partizipiert an beiden gleichermaßen, an der Ideenwelt durch die Seele, an der realen Welt durch die körperliche Gegenwart, also dem Leib. Die Seele stellt dabei die entscheidende Komponente dar, da mit ihr der Zugang zur Ideenwelt und damit auch zur absoluten Wahrheit ermöglicht wird, welche der Ideenwelt zugrunde liegt. Dazu Wiesing:

> Platon erhebt das Schöne nur deshalb zum Ideal menschlichen Strebens, weil das Schöne für ihn gleichzeitig und selbstverständlich das Wahre und das Gute mit umfaßt: Schön ist, was moralisch ist.[37]

Es wird deutlich, dass Platons Schönheitsbegriff sehr facettenreich ist und den in der These genannten Umfang bestätigt. Nach Platon ist demzufolge etwas schön, wenn es im gleichen Zuge auch gut, weise, vernünftig, angemessen und natürlich wahr ist. Das von ihm formulierte Schönheitsstreben eines jeden beinhaltet also gleichzeitig ein Streben nach den eben angeführten Attributen. Inwiefern Platons Schönheitsbegriff seinen Kunstbegriff prägte, wird in Kapitel 1.3 näher betrachtet.

Bezüglich Plotin führt Wiesing an, dass auch dieser „die Schönheit [...] durch einen Verweis auf die wahrhaft schöne Ideenwelt"[38] bestimmt. Hier sind ebenfalls einige Gemeinsamkeiten zu finden: So untergliedert auch Plotin in das Schöne und das Hässliche, ohne dabei totalitäre Denkmuster zu etablieren.[39] Dabei nutzt er eine Gegenüberstellung, um sich aus der Bestimmung des Hässlichen das Schöne herleiten zu können:

> Nehmen wir also eine häßliche Seele, zuchtlos und ungerecht, voll von vielen Begierden, von vieler Wirrnis, in Ängsten aus Feigheit, in Neid aus Kleinlichkeiten, all ihre Gedanken, soweit sie überhaupt denkt, sind irdisch und niedrig, verzerrt in allen Stücken, unreinen Lüsten verfallen[40].

Ausgehend von dem Zitat ist bei Plotin das Schöne in Abgrenzung zum Hässlichen also auch maßgeblich durch Charaktereigenschaften und Tugenden geprägt. Des Weiteren wird der Wahrheitsaspekt indirekt aufgegriffen, da die Gedanken einer solch verkommenen Seele nur irdisch und niedrig seien,

---

[35] Ebd. S. 10.
[36] Ebd.
[37] Wiesing: Kommentar (Platon). Ästhetik. S. 2.
[38] Wiesing: Kommentar (Plotin). Ästhetik. S. 40.
[39] Vgl. Plotin: Enneade I. In: Ästhetik. S. 42.
[40] Ebd. S. 45.

sich also nicht an der wahren Ideenwelt orientieren oder nach ihr streben. Plotin entwickelt Platons Schönheitsstreben sogar noch weiter und macht eine schöne Seele zur Voraussetzung dafür, das Schöne überhaupt sehen und wahrnehmen zu können, denn „so sieht auch keine Seele das Schöne, welche nicht schön geworden ist."[41] Es gilt also die Charaktereigenschaften und Tugenden des Schönheitsbegriffs zu verinnerlichen, um schön zu werden. Eine weitere Gemeinsamkeit, begründet durch das idealistische System, ist die Annahme, dass die Schönheit in der Ideenwelt verankert sei: „die Ideen; denn durch sie ist alles schön, sie, die Erzeugnisse des Geistes und der Seinsheit"[42].

Darüber hinaus hält auch er fest, dass „die Schönheit [...] zugleich das Gute ist"[43] und dies nicht weniger sei, „nach welchem jede Seele strebt"[44], womit erneut die Gemeinsamkeit des Strebens bestätigt werden kann. Plotin belässt es im Gegensatz zu Platon aber nicht dabei, bleibt nach Wiesing „nicht bei diesem Verweis stehen"[45]. Dies zeigt sich auch bei Plotins Beschreibung, was alles schön sein kann:

> Das Schöne findet sich in Fülle im Bereich des Gesichts; es findet sich auch im Bereich des Gehörs, bei der Fügung der Wörter und in der gesamten Musik (denn Melodie und Rhythmus sind auch etwas Schönes); es finden sich aber auch, wenn wir von dem Wahrnehmungsbereich nach oben fortschreiten, schöne Beschäftigungen, Handlungen, Zustände, Wissenschaften und endlich die Schönheit der Tugenden.[46]

Im Vergleich zu Platon konkretisiert Plotin das Schöne am Sinnlich-Wahrnehmbaren. Während Platons Schönheitsbegriff also auf einer abstrakten, idealen Ebene bleibt, verankert Plotin seinen Schönheitsbegriff in der sichtbaren, realen Welt. Die Ursache dafür ist in einem äußerst divergierenden Kunstbegriff und Kunstverständnis zu finden, was Gegenstand des folgenden Kapitels ist.

## 1.3    Kunstbegriff/ Kunstverständnis

Während sich beim Schönheitsbegriff zumindest noch einige Gemeinsamkeiten finden lassen, manifestiert sich am Kunstbegriff die Gegensätzlichkeit beider Philosophen. Der Kunstbegriff ergibt sich sowohl bei Platon als auch bei Plotin als logische Konsequenz ihres Schönheitsbegriffs und wie sie eben diesen auslegten.

> <u>Platon und Plotin sehen im sinnlichen Schönen einen Abglanz des Geistig-Schönen. Platon betont und überbewertet ‚Ab' in ‚Abglanz', das heißt die geringere Qualität alles sichtbaren Schönen. Plotin sieht hingegen den ‚Glanz' im ‚Abglanz'.</u>[47]

---

[41] Ebd. S. 49.
[42] Plotin: Enneade I. In: Ästhetik. S. 50.
[43] Ebd. S. 47.
[44] Ebd.
[45] Wiesing: Kommentar (Plotin). Ästhetik. S. 40.
[46] Plotin: Enneade I. In: Ästhetik. S. 40f.
[47] Wiesing: Kommentar (Plotin). Ästhetik. S. 40.

Der Aussage Wiesings folgend bedeutet dies nichts Geringeres, als dass Platon das Sinnlich-Schöne degradiert, während Plotin es aufwertet. Belegt werden kann dies anhand von Platons *Politea* und Plotins *Enneade I* (Über das Schöne) sowie *Enneade V* (Die geistige Schönheit). Dabei sind im Folgenden zentrale Begriffe wie ‚Mimesis' und ‚Schein' zu klären.

Vorab gilt es jedoch noch zu erwähnen, dass ähnlich wie beim Schönheitsbegriff das griechische Verständnis von Kunst mehr umfasst. Jede „mit Wissen und Können durchgeführte Tätigkeit"[48], also im Prinzip jedes Handwerk, wurde demzufolge als Kunst bezeichnet. Um sich davon abzugrenzen, entwickelte Platon die Begriffe der nachahmenden und schönen Künste.[49]

Platon nähert sich dem Gegenstand durch ein Bettgestell. Von diesem gebe es nun drei Exemplare: Zunächst ist da „das in der Natur seiende"[50], womit das ideale Bettgestell der Ideenwelt gemeint ist, geformt durch Gott beziehungsweise die Götter. Ein weiteres Gestell sei durch einen Tischler erschaffen, der jedoch in der realen Welt nur „etwas Sobeschaffenes wie das Seiende"[51] hervorbringt, befähigt durch sein Wissen und Können in diesem Handwerk. Das letzte Bettgestell sei durch einen Maler erschaffen, der aber im Gegensatz zum Tischler nicht als „Werkbildner"[52] bezeichnet werden kann, sondern nur als „Nachbildner"[53]. Dies begründet Platon damit, dass der Maler im Gegensatz zum Tischler nur das „Erscheinende"[54] nachbildet, während der Tischler, befähigt durch Wissen und Können, sich am Wahrhaften und Idealen orientiert. Platon schlussfolgert: „Gar weit also von der Wahrheit ist die Nachbildnerei"[55]. Da Mimesis zunächst einmal nur Nachahmung bedeutet, kann anhand Platons Überlegungen zum Bettgestell bereits erkannt werden, dass Platon dieser sehr kritisch gegenüberstand. Darüber hinaus seien auch „vom Homeros an alle Dichter nur Nachbildner von Schattenbildern der Tugend […] und der andern Dinge, worüber sie dichten, die Wahrheit aber gar nicht berühren"[56], da sie nur „Erscheinungen dichten, nicht Wirkliches"[57]. Man sieht also auch hier wieder das zugrundeliegende idealistische System der zwei Welten: Werkbildner bilden das Ideal und damit das Wahre ab, während sich Nachbildner der Erscheinung in der realen Welt bedienen. Platon degradiert die Nachbildnerei aber noch weiter, indem „der Nachbildner nichts der Rede Wertes

---

[48] Wiesing: Kommentar (Platon). Ästhetik. S. 2.
[49] Vgl. Ebd. S. 3.
[50] Platon: Politeia. In: Ästhetik. S. 18.
[51] Ebd.
[52] Ebd.
[53] Ebd. S. 18f.
[54] Ebd.
[55] Ebd.
[56] Ebd. S. 22.
[57] Platon: Politeia. In: Ästhetik. S. 20.

versteht von dem, was er nachbildet"[58] und sie „nur ein Spiel [...] und kein Ernst"[59] sei. Diese ablehnende Haltung ist aber nicht nur über Platons idealistisches System zu begründen, sondern auch über den zweiten zentralen Begriff dieses Kapitels: den Schein. Um den platonischen Nachahmungs-Begriff (Mimesis) in seiner Gänze zu fassen, muss also auch die Scheinhaftigkeit berücksichtigt werden. Da eine Nachbildung nur den Schein des Wahren besitzen kann, ist sie in der Konsequenz eine Illusion und Fälschung des Wahren beziehungsweise des Idealen und damit schlussendlich auch irreführend.[60] Nachahmende Kunst sei also nicht nur an sich etwas Verwerfliches, sondern führe regelrecht in eine Abwärtsspirale: „Selbst also schlecht und mit Schlechtem sich verbindend erzeugt die Nachbildnerei auch Schlechtes."[61] Platon verdeutlicht dies anhand eines nachahmenden Tragödiendichters, dessen Dichtung niemals einer wahrhaften Tragödie gerecht werden könne, denn „sie nährt und begießt alles dieses, was doch sollte ausgetrocknet werden"[62]. Das Ergebnis davon seien schlichtweg schlechtere und elendere Menschen, statt besseren und glückseligeren.[63] Die nachahmende Kunst kann nach Platon also auch nicht schön sein, da sie unter Berücksichtigung seines Schönheitsbegriffs ja weder etwas Gutes noch etwas Wahres darstellt und sich hinter dem Schein in Wirklichkeit eine irreführende Illusion und Fälschung verbirgt. Zu den nachahmenden Künsten gehören nach Platon die Malerei, Bildhauerei, Tragödiendichtung, Musik und der Tanz – also eigentlich alles sinnlich-wahrnehmbare.[64] Es kommt damit zur Verbannung der Kunst, wie sie bereits zu Beginn von Kapitel 1.2 angeführt wurde. Im Gegensatz zu Platon, der wie eben angeführt das Sinnlich-Schöne der Sinneswelt stets zu Gunsten eines Geistig-Schönen in der Ideenwelt degradiert, wertet Plotin die Sinneswelt auf, da sie das Geistig-Schöne offenbaren könne.[65] „Wiesc kann aber das Irdische ebensowohl schön sein wie das Jenseitige?"[66], führt Plotin in seinen Überlegungen als rhetorische Frage an. Seine Antwort darauf: „Das geschieht [...] durch Teilhaben an der Gestalt"[67], also an der Idee. Er konkretisiert dies an dem Sachverhalt, dass Materialien erst durch eine Idee bearbeitet, geformt und schließlich Gestalt annehmen: „Denn alles Formlose ist bestimmt, Form und Gestalt anzunehmen"[68]. Während Platon die Realisierung der Ideenwelt in der Wirklichkeit sehr skeptisch betrachtete und zum Beispiel den nachahmenden Künsten das Schönsein gänzlich absprach, nimmt Plotin einen Perspektivwechsel vor:

---

[58] Ebd. S. 23.
[59] Ebd.
[60] Vgl. Wiesing: Kommentar (Platon). Ästhetik. S. 3.
[61] Platon: Politeia. In: Ästhetik. S. 24.
[62] Ebd. S. 27.
[63] Ebd.
[64] Vgl. Wiesing: Kommentar (Platon). Ästhetik. S. 3.
[65] Vgl. Wiesing: Kommentar (Plotin). Ästhetik. S. 40.
[66] Plotin: Enneade I. In: Ästhetik. S. 42.
[67] Ebd.
[68] Ebd. S. 43.

> Die Idee tritt also hinzu, das, was durch Zusammensetzung aus vielen Teilen zu einer Einheit werden soll, das ordnet sie zusammen, bringt es in ein einheitliches Gefüge und macht es mit sich eins und übereinstimmend, [...] ist es dann zur Einheit gebracht, so thront die Schönheit über ihm und teilt sich den Teilen so gut mit wie dem Ganzen[69].

Nach Plotin kann die Realisierung einer Idee durchaus in etwas Schönem münden. Unter der Annahme, dass ein Werkbildner ,etwas Sobeschaffenes' wie ,das Seiende' hervorbringt, trifft dies jedoch auch auf Platon zu, der ja lediglich die nachahmenden Künste degradierte. Um den zentralen Unterschied beider Philosophen zu veranschaulichen, bedarf es einen Rückgriff auf Plotins Schönheitsbegriff. Wie in Kapitel 1.2 erörtert, ist die wahre Schönheit auch bei Plotin in der Ideenwelt zu verorten. Im Gegensatz zu Platon, der diese Feststellung zur Verbannung der Kunst nutzte, wertete Plotin das Sinnlich-Wahrnehmbare und damit auch die Kunst insgesamt auf. „Die Wesenheit aber jenseits des Geistes"[70] sei „das Gute, und sie hat das Schöne wie eine Decke um sich"[71], sodass also irdische Nachahmung (Mimesis) im Gegensatz zu Platon nicht ein Schein des Schönen und damit eine Fälschung darstellt, sondern vielmehr vom Wahrhaft-Schönen umrahmt wird. Daraus kann geschlussfolgert werden, dass Kunst als Darstellung von Ideen fungiert. [72] In seinen Überlegungen zur geistigen Schönheit veranschaulicht Plotin seine Gedanken exemplarisch anhand zweier steinerner Massen, „die eine roh und ohne künstlerische Bearbeitung geblieben, die andere aber nun durch die Kunst bezwungen zum Bilde eines Gottes oder auch eines Menschen"[73]. Beschrieben wird hier die Bildhauerei, sodass festzuhalten ist, dass er im Gegensatz zu Platon die Bildhauerei nicht als nachahmende Kunst und damit als etwas Schlechtes ansieht, sondern sie als ein Kunsthandwerk akzeptiert, welches die Darstellung der übersinnlichen Welt in der sinnlichen überhaupt erst ermöglicht.

> So erscheint der Stein, der durch die Kunst zur Schönheit der Gestalt gebracht worden ist, als schön, nicht weil er Stein ist (sonst wäre der andere gleichermaßen schön), sondern vermöge der Gestalt, welche die Kunst ihm eingab.[74]

Dabei betont er, dass diese Gestalt nicht etwa aus der Materie hervorgeht, sondern aus der Idee, die der Künstler vor seinem geistigen Auge hat.[75] Die Kunst ermöglicht nach Plotin also einen Transfer von der Ideenwelt in die sinnlich-wahrnehmbare Wirklichkeit, gleichwohl sie etwas Schönes im Sinne der Mimesis nur nachbildet. Die zugrundeliegende These dieses Kapitels kann demzufolge bestätigt

---

[69] Ebd.
[70] Ebd. S. 50.
[71] Ebd.
[72] Vgl. Ebd. S. 50.
[73] Plotin: Enneade V. In: Philosophische Ästhetik. Hrsg. von Armin Müller. Münster: Aschendorff-Verlag 1992 (= Aschendorffs philosophische Textreihe Kurs 7). S. 50.
[74] Ebd.
[75] Vgl. Ebd.

werden – Platons Betonung von ‚Ab' in ‚Abglanz' führt zur Verbannung der Kunst, Plotins neue Perspektive betont den ‚Glanz' in ‚Abglanz', was wiederum zur Aufwertung der Kunst führt.

## 2.  Plotin und Aristoteles

Anhand des Vergleichs zwischen Platon und Plotin konnte bereits deutlich gemacht werden, wie verschieden die zentralen Begrifflichkeiten in den jeweiligen Philosophien ausgelegt wurden und wo trotzdem inhaltliche Schnittmengen gefunden werden können. Nun war Plotin nach 600 Jahren nicht der erste Philosoph, der Platons Überlegungen nicht in Gänze teilte. Nach Wiesing musste „die rigorose Verdammung der Kunst durch Platons Idealismus"[76] zu einem „energischen Widerspruch führen"[77]. Dieser Widerspruch kam auch direkt von Platons eigenem Schüler Aristoteles:

> Dieser versuchte, Platons-Begründung für seine Kunstverurteilung, nämlich daß künstlerische Nachahmung (Mimesis) nur zu betrügerischem Schein führe, zu entkräften, indem er dem Phänomen der Katharsis (‚Reinigung') eine bestimmte Deutung gab.[78]

Unter dieser These soll im Folgenden untersucht werden, inwiefern Aristoteles Begriffsauslegung in Wiesings ausgewählten Ausschnitten seiner Werke *Poetik* und *Politik* Plotins Überlegungen rund 600 Jahre später mitbeeinflusste und warum dieser dennoch seine Philosophie als ‚Platon-Vergegenwärtigung' und nicht etwa als ‚Aristoteles-Vergegenwärtigung' bezeichnete.

### 2.1  Mimesis

Von zentraler Bedeutung ist auch hier der Mimesis-Begriff. Während Platon diesen nutzte, um das Negative der Kunst hervorzuheben und das schlichtweg unerreichbare Idea der Ideenwelt zu huldigen, legte Plotin ihn zur Aufwertung der Kunst aus (Kapitel 1.3). Auch Aristoteles schlug einen pragmatischeren Kurs bezüglich des Mimesis-Begriffs ein, indem er „sich nicht mehr an der Nachahmung, sondern an der Darstellung orientiert"[79]. Nach Wiesing bedeutet dies:

> Die Mimesis erscheint in einem grundsätzlich anderen Licht als bei seinem Lehrer Platon und eignet sich nicht mehr als Begründung für eine Verurteilung der nachahmenden Künste.[80]

Ein wesentlicher Unterschied zwischen Platons und Aristoteles Mimesis-Begriff stellt die nachahmende Tätigkeit an sich dar. Platon sieht in dieser eine schändliche Handlung, Aristoteles betrachtet sie

---

[76] Wiesing: Kommentar (Aristoteles). Ästhet k. S. 30.
[77] Ebd.
[78] Wiesing: Kommentar (Aristoteles). Ästhet k. S. 30.
[79] Wiesing: Kommentar (Platon). Ästhetik. S. 3.
[80] Wiesing: Kommentar (Aristoteles). Ästhet k. S. 31.

hingegen als einen natürlichen Trieb des Menschen. So sei „das Nachahmen den Menschen von Kindheit an natürlich eigen"[81], was er wiederum am Lernprozess des Menschen veranschaulicht, der vom Laufen bis hin zu den ersten Lauten maßgeblich von Nachahmung geprägt wird. Der Mensch lernt also durch Nachahmung. Darüber hinaus sei „die Freude an den Produkten der Nachahmung eine natürliche Eigenschaft aller Menschen"[82], was in Kapitel 2.2 zu Aristoteles Kunstbegriff noch weiter ausgeführt wird. Demzufolge ist die Mimesis bei Aristoteles erstmal prinzipiell nichts Schlechtes im Gegensatz zu der Ansicht seines Lehrers, sondern vielmehr eine ganz natürliche und menschliche Fähigkeit. Dabei hebt er im Vergleich zu „anderen lebendigen Geschöpfen"[83] hervor, dass „der Mensch vor allem zum Nachahmen das geschickteste ist"[84], wertet die Mimesis als Fähigkeit also sogar noch auf.

Wie in Kapitel 1.3 herausgearbeitet, ermöglicht für Plotin die Mimesis vor allem die Darstellung von Ideen, also den Transfer von der Ideenwelt in die Wirklichkeit, was dann schließlich zur Aufwertung des Sinnlich-Wahrnehmbaren führt. Daraus resultierend ist Beiden die positive Einstellung gegenüber der Mimesis gemein, wenngleich die Ursache dafür nicht dieselbe ist: So begründet Aristoteles seinen Mimesis-Begriff mit der Natur des Menschen, Plotin hingegen schreibt der Mimesis die Fähigkeit zu, Ideen aus der Idealwelt darstellen zu können. Der positive Mimesis-Begriff wird bei Plotin und Aristoteles also keinesfalls identisch hergeleitet. Dennoch gilt es festzuhalten, dass Aristoteles durch den Perspektivwechsel zum Mimesis-Begriff eine Neubewertung der Kunst gelang, die Plotin 600 Jahre später lediglich weiter ausbaute. Unabhängig davon kann Wiesings These zu Beginn dieses Kapitels bestätigt werden, da sich Aristoteles mit seinem Verständnis von Mimesis deutlich von seinem Lehrer Platon unterscheidet.

## 2.2    Kunstbegriff/ Kunstverständnis

Wie bereits beim Mimesis-Begriff deutlich wurde, schlug Aristoteles einen pragmatischeren Kurs im Umgang mit der Nachahmung ein, was schließlich dazu führt, dass auch seine Beziehung zur Kunst sich deutlich von der seines Lehrers unterscheidet. „Unmoralisches und Verfälschendes kann einer künstlerischen Nachahmung nicht zum Vorwurf gemacht werden"[85], konstatiert Wiesing bezüglich Aristoteles Position zur nachahmenden Kunst, was gleichzeitig im Kontrast zu Platons Überlegungen steht. Wiesing geht jedoch noch einen Schritt weiter:

---

[81] Aristoteles: Poetik. In: Philosophische Ästhetik. Hrsg. von Armin Müller. Münster: Aschendorff-Verlag 1992 (= Aschendorffs philosophische Textreihe Kurs 7). S. 32.
[82] Ebd.
[83] Aristoteles: Poetik. In: Ästhetik. S. 32.
[84] Ebd.
[85] Wiesing: Kommentar (Aristoteles). Ästhetik. S. 31.

<u>Vielmehr muß die Mimesis nach Aristoteles als das Wesensmerkmal der schönen Kunst angesehen werden, weil er Mimesis nicht als reproduzierende Nachahmung, sondern als produktive Darstellung versteht[86].</u>

Während Platon in der Mimesis die Ursache für Unmoralisches und Verfälschendes sieht, verknüpft Aristoteles seinen Mimesis-Begriff mit seiner Vorstellung von schöner Kunst. Um sich Aristoteles Verständnis von schöner Kunst zu nähern, muss aber zunächst noch der Begriff der Katharsis erläutert werden. Darunter verstand Aristoteles einen Vorgang, der einer Reinigung entspricht. Erläutert wird dies im Zusammenhang der griechischen Tragödie, die bei den Zuschauern Emotionen hervorrufen soll, sodass diese schließlich ergriffen und mitgerissen werden. Diese durch künstlerische Nachahmung hervorgerufenen Gefühle vergehen jedoch am Ende einer Vorstellung wieder, sodass man von den Affekten nach der Vorführung gewissermaßen befreit wird.[87] Nach Wiesing ist die Katharsis bei Aristoteles als eine „Seelenkur"[88] zu verstehen, „die in regelmäßigen Abständen wiederholt werden muß und zu deren Gelingen die Mimesis den Hauptbeitrag leistet."[89] Dies bedeutet, dass die Qualität der Darstellung vor allem auf einer guten Nachahmung basiert, damit die Zuschauer emotional abgeholt werden und die Katharsis im Anschluss auch erfolgreich sein kann. Anhand des Beispiels der Tragödiendichtung wird ebenfalls deutlich, dass Aristoteles jene nicht per se als schlechte nachahmende Kunst betitelt wie Platon, sondern die Beurteilung von der Qualität der Darstellung abhängig macht und ob diese ihren Zweck erfüllt. Dementsprechend kann festgehalten werden, dass Aristoteles die Qualität der Kunst in den Vordergrund stellt und diese zum Entscheidungskriterium wird, ob Kunst schön sei oder nicht. Auch die Scheinhaftigkeit von nachahmender Kunst rückt Aristoteles im Vergleich zu Platon in ein positives Licht:

> Wer z. B. bei dem Anblick des Bildes einer Person sich lediglich an der schönen Gestalt erfreute, dem wird auch der Anblick der Person selbst, deren Bild er betrachtete, angenehm sein.[90]

Aristoteles liefert mit dieser kausalen Schlussfolgerung eine Legitimierung für die nachahmende Kunst, deren Schein nicht zwangsläufig schlecht oder irreführend sein muss, wie es Platon noch annahm, sondern schlichtweg eine gute Darstellung der Wirklichkeit sein kann.

Darüber hinaus bereite nach Aristoteles die Erfahrung von Nachahmung den Menschen Freude, wie es bereits im Kapitel 2.1 zur Mimesis angedeutet wurde. Aristoteles führt dies zunächst allgemein an

---

[86] Ebd.
[87] Vgl. Wiesing: Kommentar (Platon). Ästhetik. S. 30f.
[88] Ebd. S. 31.
[89] Ebd.
[90] Aristoteles: Politik. In: Philosophische Ästhetik. Hrsg. von Armin Müller. Münster: Aschendorff-Verlag 1992 (= Aschendorffs philosophische Textreihe Kurs 7). S. 37.

Gegenständen aus, „welche wir in ihrer natürlichen Realität mit Unlust sehen"[91], jedoch „in ihren vollendetsten Abbildungen mit Vergnügen"[92] betrachten würden. Als exemplarische Beispiele nennt er die Abbildung der „allerverächtlichsten Tiere"[93] oder auch die von „Leichnamen"[94], die in der Realität alles andere als ansehnlich sind, als Abbildung aber zu faszinieren wissen. Begründet werden kann dies nach Aristoteles mit einem Lerntrieb, der prinzipiell in jedem Menschen zu finden sei, da „das Lernen nicht bloß für die Philosophen höchster Genuß ist, sondern ebenso auch für alle anderen Menschen"[95]. Kunst wahrnehmen hat demzufolge nach Aristoteles auch etwas mit einem stetig anhaltenden Lernprozess und Erkenntnisinteresse zu tun. Daraus resultierend sei Kunst nicht nur als ein Unterhaltungs- sondern auch als ein Lerngegenstand zu begreifen. Dass „die Freude an den Produkten der Nachahmung eine natürliche Eigenschaft aller Menschen"[96] sei, kann auch an der aktuellen Kulturindustrie veranschaulicht werden, in der im Kern immer gleiche Geschichten erneut ein Publikum finden und begeistern: Egal ob es der Tatort am Sonntagabend, der neue Superheldenfilm von Marvel im Kino, eine Theateraufführung von Faust unter neuer Regie oder aber Agatha Christies Meisterdetektiv Hercule Poirot ist, der in einem Kriminalroman nach dem anderen scheinbar unlösbare Fälle löst. Die Menschen freuen sich auf etwas vermeintlich Neues, was zwar im Kern bereits bekannt ist, aber neu wahrgenommen werden kann. In der Musik wird Nachahmung durch Imitatoren sogar in ein Extrem getrieben, indem zum Beispiel ein professionelles Michael Jackson-Double Aussehen, Bewegungen sowie Gesang imitiert, bereits bekannte Lieder von Auftritt zu Auftritt wieder spielt und damit trotzdem ein Publikum findet, solange es qualitativ gut umgesetzt wird. Der Grund für die wiederkehrende Freude an den Produkten der Nachahmung liegt bei den Darstellungsmöglichkeiten, die natürlich von Fall zu Fall variieren und damit eine bekannte Geschichte (Gut gegen Böse, Kommissar/Detektiv gegen Mörder) oder einen bekannten Ablauf für den Zuschauer lediglich ‚neu verpacken'. Aristoteles betonte schon vor 2300 Jahren in seinen Überlegungen zur Nachahmung und Kunst, dass es auf die Darstellung ankommt und daran die gute oder schlechte Qualität von Kunst auszumachen ist. Im Unterschied zu Plotin wertet Aristoteles jedoch das Sinnlich-Wahrnehmbare und die nachahmende Kunst nicht pauschal auf, sondern bindet die schöne Kunst an sein Qualitätskriterium der Katharsis. Die Gemeinsamkeit beider Philosophen besteht also (ähnlich wie beim Mimesis-Begriff) in der Abkehr von Platons Grundüberzeugung. Ihr Kunstbegriff mag nicht identisch sein, dennoch wurde mit der partiellen Aufwertung der Kunst bei Aristoteles der Grundstein

---

[91] Aristoteles: Poetik. In: Ästhetik. S. 32.
[92] Ebd.
[93] Ebd.
[94] Ebd.
[95] Ebd.
[96] Ebd.

für Plotin gelegt, der sich 600 Jahre später an Aristoteles Perspektive orientierte. Unabhängig davon kann aber die Kapitelthese bestätigt werden, da die gute mimetische Darstellung nach Aristoteles ein wesentliches Merkmal von schöner Kunst sei.

### 3. Plotins Platon und Aristoteles Platon

Nachdem nun in den Vergleichen zwischen Platon, Plotin und Aristoteles deutlich wurde, wo Gemeinsamkeiten und Unterschiede bestehen, widmet sich dieses Kapitel der Reflexion, was nun Plotins ‚Platon-Vergegenwärtigung' von Aristoteles Platon-Verständnis unterscheidet und wo genau Plotin zwischen Platon und Aristoteles zu verorten ist. Dabei werden die beiden Thesen aus Kapitel eins und zwei dieser Arbeit wiederaufgegriffen.

Zunächst gilt festzuhalten, dass Platons Überlegungen als Begründer der ersten systematischen Ästhetik wie gegebene Naturgesetze gewichtet wurden. Dies zeigt sich zum Beispiel darin, dass sowohl Plotin als auch Aristoteles Platons Schönheitsbegriff nicht negieren, sondern diesen lediglich durch ihre Auslegung erweitern beziehungsweise ergänzen. Auch das idealistische System (Kapitel 1.1) wurde von Plotin nicht in Frage gestellt und als gegeben hingenommen. Basierend auf Wiesings Textauswahl kann jedoch festgestellt werden, dass Aristoteles bei seiner Philosophie zur Ästhetik weniger weit ging als Plotin 600 Jahre später. Zwar gliederte schon Aristoteles die Kunst aus der Staatslehre Platons aus, da „die Regelrichtigkeit nicht dieselbe für die Politik und für die Dichtkunst, noch für irgend eine andere Kunst"[97] sei, löst sich aber durch die Betonung der Qualität nicht von Platons Annahme, dass Schlechtes (und damit auch schlechte Kunst) zu Schlechtem führen könne. Verdeutlicht werden kann dies an Aristoteles Stellung zur Musik:

> Die Erlernung der Musik darf weder ein Hindernis für die künftige Tätigkeit sein, noch darf sie den Leib verbilden und den Zögling für seine Tätigkeit als Krieger und Staatsbürger unbrauchbar machen.[98]

Musik kann sich demzufolge auch negativ auf Menschen auswirken, wenn sie ihrer Funktion als Kunst nicht nachkommt. Kunst beziehungsweise in dem Beispiel Musik hat nach Aristoteles mehrere Zwecke, dabei gilt es zu beachten, in welcher Reihenfolge er diese aufzählt:

> Wir halten zugleich fest, daß man die Musik nicht nur eines, sondern mehrerer nützlicher Zwecke wegen treiben soll, nämlich erstens der sittlichen Bildung und jener erleichternden Befreiung der Gemütsaffekte wegen, die ich Katharsis nenne – [...] – zweitens soll man sie zum Behuf eines sinnvollen Genusses [...] und drittens zur Entspannung und Erholung [...] treiben.[99]

---

[97] Aristoteles: Poetik. In: Ästhetik. S. 33.
[98] Aristoteles: Politik. In: Ästhetik. S. 38.
[99] Ebd.

Aristoteles betont zunächst die Bildungs- und Reinigungsfunktion von Musik, bevor er die Aspekte der Unterhaltung nennt. Dies steht in unmittelbarer Tradition zu seinem Kunstbegriff beziehungsweise Kunstverständnis aus Kapitel 2.2. Aristoteles Platon-Auslegung ermöglicht also keine allgemeine, sondern nur eine partielle Aufwertung von Kunst, denn auch nach Aristoteles ist Kunst nicht gleich Kunst, da zunächst bestimmte Kriterien erfüllt sein müssen. Der These aus dem zweiten Kapitel folgend, handelt es sich bei Aristoteles Platon-Auslegung also vor allem um eine Entkräftung der praxisuntauglichen Kunstverurteilung und weniger um einen Rundumschlag gegen Platons Ästhetik.

Nach Wiesing unterscheidet sich die Philosophie Plotins indessen grundlegend von der Platons, wie es auch als These im ersten Kapitel formuliert wurde. Dass Plotin dazu sämtliche Überlegungen Platons verwerfen müsste, wäre eine falsche Schlussfolgerung und konnte an den Gemeinsamkeiten widerlegt werden. Plotin bezieht sich in seiner Philosophie zur Ästhetik explizit auf Platon, nimmt dabei jedoch die Perspektive von Aristoteles ein und legt dadurch Platon neu aus, was dann zum äußerst divergierenden Kunstbegriff zwischen den beiden Philosophen führt. Warum erst Plotin 600 Jahre später weiter ging als Aristoteles und der Kunst in Gänze mehr zusprach, kann nur vermutet werden. Möglicherweise ist die Lehrer-Schüler-Beziehung zwischen Platon und Aristoteles sowie die kulturelle Entwicklung zwischen den Jahrhunderten ein relevanter Einflussfaktor für die jeweilige Auslegung gewesen. Wiesing konstatiert bezüglich Plotin und Hegel: „Ihre Aufwertung der Kunst resultiert aus ihrer Neuinterpretation des Scheinbegriffs"[100]. Auf Aristoteles trifft dies, wenn auch unter dem Vorbehalt der partiellen Aufwertung, aber ebenso zu.

## Schluss und Ausblick

Der vorgenommene Vergleich hat zunächst gezeigt, wie zentral und wirkmächtig Platons Überlegungen zur Ästhetik waren. Er schuf die inhaltliche Basis, auf der Ideen diskutiert, verworfen oder weiterentwickelt worden sind. So greift Plotin unter anderem auf Platons idealistisches System zur Herleitung zurück und stimmt im Wesentlichen auch mit seinem Schönheitsbegriff überein, also welche Attribute zum Schönsein dazugehören. Bei der Frage, was überhaupt schön ist, gehen die Meinungen der beiden Philosophen jedoch deutlich auseinander. Besonders bei den zentralen Begrifflichkeiten wie ‚Mimesis', ‚Scheinhaftigkeit' und was das alles für die Kunst bedeutet, gibt es fundamentale Unterschiede zwischen Plotin und Platon. Diesbezüglich lassen sich mehr Gemeinsamkeiten zwischen Plotin und Aristoteles ausmachen, die hinsichtlich der Mimesis und Kunst

---

[100] Wiesing: Kommentar (Nietzsche). Ästhetik. S. 183.

einen wesentlich pragmatischeren Umgang vorschlugen als Platon. Durch die Neuauslegung des Mimesis-Begriffs kommt es sowohl bei Aristoteles (unter Berücksichtigung der Katharsis) als auch bei Plotin zur Aufwertung der Kunst. Aristoteles Wirken in der Ästhetik ist ohne Zweifel für die Ästhetikgeschichte wegweisend gewesen. Er eröffnete eine neue Perspektive, die Plotin 600 Jahre später unter Bezugnahme auf Platon nutzte, um mit dem Neuplatonismus die letzte große antike philosophische Strömung zu begründen. Der Vergleich hat gezeigt, wie entscheidend – aber auch wie verschieden – die Stellung der Ästhetik in den unterschiedlichen Philosophien sein kann.

Aufgrund des begrenzten Rahmens der vorliegenden Arbeit und dem großen Umfang des Themas musste auf Aspekte verzichtet werden, die über die Auswahl der Textstellen Wiesings hinausgehen. Eine noch präzisere Untersuchung anhand der vollständigen Originaltexte wäre erstrebenswert und würde in einem Vergleich sicherlich noch mehr Gemeinsamkeiten und Unterschiede hervorbringen. Des Weiteren wäre noch zu untersuchen, wie sich die 600 Jahre zwischen Platon und Plotin in der Kunstgeschichte bezüglich der Kunstproduktion und Rezeption bemerkbar machen. Interessant zu klären wäre außerdem, wie sich Kant, Hegel und Nitzsche als bedeutende Denker der Ästhetikgeschichte an den drei antiken Philosophen orientierten.

**Literaturverzeichnis**

Quellen:

Philosophische Ästhetik. Ausgewählt und kommentiert von Lambert Wiesing. Hrsg. von Armin Müller.
Münster: Aschendorff-Verlag 1992 (= Aschendorffs philosophische Textreihe Kurs 7).

**Strukturpyramide**

1. Plotin und Platon

| Kapitel: | 1.1 idealistisches System | 1.2 Schönheitsbegriff | 1.3 Kunstbegriff/Kunstverständnis |
|---|---|---|---|
| *Begriffe:* | *Leib, Seele* | *schön, wahr, gut, weise, streben* | *Mimesis (Nachahmung), Schein* |

2. Aristoteles und Platon

| Kapitel: | 2.1 Mimesis | 2.3 Kunstbegriff/Kunstverständnis |
|---|---|---|
| *Begriffe:* | *Mimesis (Nachahmung)* | *Katharsis, Mimesis (Nachahmung), Schein* |